I0037333

LE RÊVE CANADIEN

UNE BELLE OPPORTUNITÉ OU UNE GROSSE DÉSILLUSION?

Guide pratique pour réussir votre intégration au Canada

Stéphane Chouapi, conseiller en immigration

De la chaîne YouTube et de l'organisme Immigration et Entrepreneuriat

Préface de Bertrand Ndeffo, Conférencier et consultant international, membre de la Chambre de Commerce du Canada, de l'US Institute for Diplomacy and Human Rights et de l'Union des Commerçants de Côte d'Ivoire.

Mars 2025

www.immigrerentreprendre.com

Immigration et Entrepreneuriat

RECOMMANDATIONS

"Bonjour à tous. Je voudrais remercier ce groupe pour ce qu'il m'a apporté. Je suis bien arrivée au Canada hier (Toronto). Bonne chance à ceux qui sont en cours de procédure."

Vicky Mbiang

"Bonsoir, grand. Je viens vous annoncer une bonne nouvelle. En effet, nous sommes dans le groupe et je vous suis depuis longtemps. Grâce à vos conseils et à l'aide de Dieu, j'ai eu mon visa de travail pour le Canada comme soudeur."

Anonyme

"Bonjour, mon frère. C'est avec une grande joie que je veux t'informer que j'ai reçu mon visa. Je suis dans les préparatifs pour arriver bientôt! Merci pour vos apports, prières et conseils. Dieu le Père vous garde!"

Anonyme

"Tu fais un sacré boulot sur ton Insta et ta chaîne! J'habite en France, je ne compte pas aller au Canada, mais c'est super intéressant et ça se voit que c'est ton vécu et surtout c'est réel.

Continue ce que tu fais, je te donne toute ma force!

Tu dois énormément aider quelques personnes et sans rien demander en retour, ce qui fait de toi une belle personne. Alors, continue!"

Bastien Aubame

"Merci Monsieur Stéphane et merci à toute ton équipe de présenter notre Côte d'Ivoire positivement. Vraiment, ça fait chaud au cœur en tant que Ivoirien. Nous sommes enjaillés, comme on le dit chez nous. Vive la Côte d'Ivoire, vive le Cameroun, vive l'Afrique! Rendez-vous au Canada inchallah!

Je suis détenteur d'un visa visiteur grâce aux conseils de M. Stéphane et des autres youtubeurs! Infiniment merci."

Kaloussi

"Chouapi est l'un des collègues les plus axés sur les résultats avec lesquels j'ai travaillé. Il ne ménage pas ses efforts pour répondre aux attentes de ses KPI et il essaie toujours de construire une bonne relation avec ses collègues (former de nouvelles ressources, motiver/soutenir d'autres collègues, répondre aux demandes de la direction). Je le recommande vivement."

Luc Obianga

LE RÊVE CANADIEN: UNE BELLE OPPORTUNITÉ OU UNE GROSSE DÉSILLUSION?

Guide pratique pour réussir votre intégration au Canada

Stéphane Chouapi, conseiller en immigration

De la chaîne YouTube et de l'organisme Immigration et Entrepreneuriat

Préface de Bertrand Ndeffo, Conférencier et consultant international, membre de la Chambre de Commerce du Canada, de l'US Institute for Diplomacy and Human Rights et de l'Union des Commerçants de Côte d'Ivoire.

Première édition

Immigration et Entrepreneuriat

Saint-Apollinaire, Québec, Canada, mars 2025

www.immigrerentreprendre.com

immigration.entrepreneuriat@gmail.com

LE RÊVE CANADIEN: UNE BELLE OPPORTUNITÉ OU UNE GROSSE DÉSILLUSION?

Guide pratique pour réussir votre intégration au Canada

Stéphane Chouapi, conseiller en immigration

De la chaîne YouTube et de l'organisme Immigration et Entrepreneuriat

Première édition

Immigration et Entrepreneuriat

103, rue Geai-Bleu

Saint-Apollinaire, QC, G0S 2E0

Canada

Tous droits réservés. Aucune partie de ce livre ne peut être reproduite ou transmise sous quelque forme ou par quelque moyen que ce soit, électronique ou mécanique, y compris la photocopie, l'enregistrement ou tout système de stockage et de récupération de l'information, sans l'autorisation écrite de l'auteur, à l'exception de l'inclusion de brèves citations dans une revue.

Copyright © dMars 2025, par Stéphane Chouapi.

Première édition, mars 2025.

Publié au Canada.

ISBN 978-2-9823370-0-8

TABLE DES MATIÈRES

DÉDICACE

À ma famille, mon plus grand pilier, et à mes amis, qui m'ont toujours soutenu dans cette aventure littéraire.
À Stevia, dont l'amour et la patience m'ont toujours permis de me surpasser dans la plupart de mes projets.

À mes enfants qui, de par leur amour inconditionnel, me poussent à repousser mes limites.

À Bertrand Ndeffo, qui à travers son professionnalisme, a permis à ce livre d'être disponible en un temps record pour la satisfaction de nos lecteurs et lectrices.

À tous ceux qui croient en la magie des mots et en la puissance des livres.

À ceux et celles qui n'abandonnent jamais, même quand le chemin semble impossible.

À mes mentors et collaborateurs, dont les conseils et le soutien ont rendu ce projet possible.

À tous les abonnés de la chaîne Youtube Immigration et Entrepreneuriat. Que ces pages vous édifient à travers mon retour d'expérience et les différents témoignages qui y sont inscrits.

REMERCIEMENTS

Je tiens à exprimer ma profonde gratitude à toutes les personnes qui ont contribué, de près ou de loin, à la réalisation de ce livre. Votre soutien, vos encouragements et vos conseils ont été une source précieuse d'inspiration pour moi.

À ma famille, qui m'a toujours soutenu dans cette aventure. Votre amour et votre patience m'ont permis de mener ce projet à bien. Merci pour chaque mot d'encouragement et chaque moment de compréhension.

À mes amis, qui ont cru en moi même lorsque je doutais. Vos encouragements ont été mon moteur.

Un immense merci à Bertrand Ndeffo, pour son accompagnement, ses conseils et sa patience tout au long de l'écriture de ce livre.

Enfin, à vous, chers lecteurs et lectrices, merci d'avoir choisi ce livre. Votre curiosité et votre soif de connaissance donnent tout son sens à ce travail. J'espère que ces pages vous apporteront autant que j'ai pris plaisir à les écrire.

ÉPIGRAPHE

"Une seule certitude suffit à celui qui cherche."

Albert Camus, *Le Mythe de Sisyphe*

"Il m'a demandé alors si je n'étais pas intéressé par un changement de vie. J'ai répondu qu'on ne changeait jamais de vie, qu'en tout cas toutes se valaient et que la mienne ici ne me déplaisait pas du tout."

Albert Camus, *L'Etranger*

AVERTISSEMENT

Ce livre est conçu pour fournir des informations aux personnes vivant au Canada ou intéressées par l'immigration au Canada.

Si vous avez besoin d'une assistance juridique ou d'une autre expertise, vous devez faire appel aux services d'un professionnel compétent.

Ce livre n'a pas pour but de fournir toutes les informations dont disposent l'auteur et/ou l'éditeur, mais plutôt de compléter et d'amplifier d'autres textes.

Nous vous conseillons vivement de lire la documentation disponible en ligne ou ailleurs sur le sujet, d'en apprendre le plus possible sur l'intégration au Canada et l'immigration dans ce pays.

L'auteur partage son expérience canadienne et son point de vue sur la situation socio-économique au Canada.

CLAUSE DE NON-RESPONSABILITÉ

Tous les efforts ont été faits pour que ce livre soit aussi complet et précis que possible; toutefois, des erreurs, tant typographiques que de contenu, peuvent se produire. Par conséquent, ce texte ne doit être utilisé que comme un guide général, et non comme la source d'information ultime sur la vie ou l'immigration au Canada.

En outre, ce livre contient des informations qui peuvent ne plus être valables au moment de la lecture.

L'objectif de ce livre est d'éduquer et de divertir.

L'auteur ne peut être tenu responsable envers toute personne ou entité pour toute perte ou tout dommage causé, ou prétendument causé, directement ou indirectement, par l'utilisation de ce livre ou par les informations qu'il contient.

Si vous ne souhaitez pas être lié par ce qui précède, vous pouvez renvoyer ce livre à l'éditeur pour un remboursement complet.

À PROPOS DE L'AUTEUR

Stéphane Chouapi, né au Cameroun, est un expert en informatique et un entrepreneur établi au Québec, au Canada. Il possède plus de 15 ans d'expérience dans le domaine de l'informatique.

Stéphane a fondé ou cofondé plusieurs entreprises au Cameroun, comme Souwaps et Kelmass Sarl.

En 2019, Stéphane a créé Immigration & Entrepreneuriat (I&E), une plateforme Web dédiée à l'accompagnement des immigrants dans leur intégration socio-économique au Québec. Cette initiative est devenue un organisme à but non lucratif le 8 août 2022. La mission de I&E est de soutenir la communauté immigrante et multiculturelle dans son processus d'immigration et d'intégration au sein de la société québécoise.

À travers sa chaîne YouTube, Immigration et Entrepreneuriat, Stéphane partage son expérience personnelle en tant qu'immigrant, offrant des conseils sur l'adaptation à la vie au Canada. Il invite également des experts en immigration, intégration et entrepreneuriat, ainsi que d'autres immigrants vivant au Canada, à intervenir sur cette plateforme pour mieux guider les nouveaux arrivants dans leur parcours.

En plus de son engagement communautaire, Stéphane est reconnu comme un conseiller en immigration. Il apporte au quotidien des éclaircissements sur les aspects pratiques et les défis liés à l'immigration et l'intégration au Canada.

PRÉFACE

---◆---

Entre la raison et la folie il n'y a qu'une toile d'araignée",
me disait parfois le professeur Maxime Meto'o, de
l'Université de Yaoundé I, dont j'ai été un des
"disciples" durant mes années de maîtrise et de DEA au
Cameroun.

Et c'est précisément dans cette fine frontière entre la
possibilité infinie de réussir et le risque abyssal d'échouer,
que résident la grandeur et la hideur du Canada.

Combien d'immigrants le savent avant d'atterrir à
Montréal, Toronto ou Vancouver?

Portés par un instinct de survie ou une envie folle
d'offrir un avenir meilleur à leur progéniture, des centaines
de milliers de personnes chaque année quittent leur pays et
leur famille, vendent leurs terres et enterrent leurs
frustrations, pour s'installer dans ce qu'elles pensent être le
pays où coulent le lait et le miel.

Partout où je me suis rendu ces 10 dernières années, à
Douala au Cameroun, à Pointe-Noire au Congo, à Abidjan
en Côte d'Ivoire, à Nairobi au Kenya, à Versailles en France,

à Guangzhou en Chine, à Silver Spring aux États-Unis, pour ne citer que ces villes, le nom "Canada" suscite respect et admiration.

En Afrique, spécialement, le Canada est perçu comme une terre de sécurité et d'abondance. Comme la Suisse, à une différence énorme près: la probabilité pour un Africain de s'établir dans ce pays est très faible.

Lorsque vous terminez vos études en Suisse, comme moi il y a une vingtaine d'années, en tant qu'étudiant d'origine africaine, l'Office cantonal de la population vous donne un délai pour faire vos valises. Au Canada, par contre, même avec les réformes de l'automne 2024, vos chances de rester au pays demeurent élevées. Si vous êtes Africain, en Suisse, vous devez demander l'asile politique ou épouser une personne détentrice de la citoyenneté ou du permis C, l'équivalent de la résidence permanente canadienne. Au Canada, vos études et vos compétences vous permettront de poursuivre votre séjour sans doute aussi longtemps que vous le souhaitez.

Il est certain que, ne serait-ce que pour des raisons territoriales (la superficie du Canada fait plus de 241 fois celle de la Suisse), le Canada doit accueillir en continu un nombre important d'immigrants qualifiés.

Le pays en fait-il trop, cependant? Les avis sont partagés sur la question.

Qui de mieux que Stéphane Chouapi pour analyser la situation de l'immigration canadienne actuelle. Très connu à travers sa chaîne YouTube Immigration et Entrepreneuriat, Stéphane est en contact quotidien avec les immigrants au Canada et les prétendants à l'immigration canadienne. Il connaît leurs rêves et aspirations, entend leurs cris et frustrations, célèbre leurs avancées et accomplissements. Sur YouTube, Facebook et Instagram, et même sur WhatsApp, il les écoute, les console, les motive, les conseille, avec patience et empathie.

Au-delà du conseiller en immigration, il y a en Stéphane un amour profond pour ses semblables. Sachant par quoi il est passé depuis une dizaine d'années au Canada, il tient à partager son expérience et son expertise afin d'éviter aux nouveaux arrivants ses erreurs et douleurs, et de les aider à croire en leurs rêves et à prendre leur place au pays, comme il le répète sans cesse.

Il sait que ce Canada, accueillant et multiculturel, sécuritaire et prospère, n'aurait pas pu se faire sans l'apport des populations noires ou immigrantes, au moins depuis l'arrivée de Mathieu da Costa au début du 17e siècle aux côtés de Samuel de Champlain.

D'ailleurs, comme le premier homme noir libre à fouler le territoire aujourd'hui nommé "Canada", Stéphane est un passeur social et culturel qui a à coeur le bien-être et l'épanouissmeent de l'autre, quel qu'il soit.

Dès lors, lire et faire lire ce livre devient un devoir envers soi-même et les autres.

Bertrand Ndeffo

Conférencier et consultant international, membre de la Chambre de Commerce du Canada, de l'US Institute for Diplomacy and Human Rights et de l'Union des Commerçants de Côte d'Ivoire.

bertrand@educnationconsulting.com

https://www.linkedin.com/in/bertrandndeffo/

I
INTRODUCTION

◆

L e "Rêve canadien" est souvent comparé au "Rêve américain" : une vision selon laquelle le Canada incarne une terre d'opportunités, d'égalité et de prospérité. Pour beaucoup, ce rêve symbolise un idéal de vie marqué par la stabilité économique et politique, l'accès à un marché du travail dynamique, des opportunités entrepreneuriales et une société inclusive où chacun peut espérer bâtir un avenir meilleur. C'est cette promesse d'un quotidien plus serein et d'un avenir radieux qui attire chaque année des milliers d'immigrants en quête de renouveau.

Cependant, derrière cette image idyllique se cache une réalité plus nuancée. Si le Canada offre indéniablement des perspectives enviables, l'intégration des nouveaux arrivants peut s'avérer plus difficile qu'imaginé. Entre les défis liés à l'emploi, la reconnaissance des diplômes étrangers, les barrières linguistiques et culturelles, ou encore le coût de la vie élevé dans certaines régions, de nombreux immigrants se retrouvent confrontés à des désillusions inattendues.

Ce livre se veut une exploration approfondie du "Rêve canadien", en mettant en lumière ses réussites, mais aussi ses limites. À travers des témoignages variés d'immigrants issus de différents horizons, nous tenterons de comprendre pourquoi, pour certains, ce rêve devient une réalité florissante, tandis que pour d'autres, il se transforme en une lutte constante pour s'intégrer et prospérer. En fin de compte, chaque lecteur pourra se faire sa propre opinion sur la véritable nature de cette promesse canadienne.

1. Le Rêve canadien : Qu'est-ce que c'est pour vous?

Le "Rêve canadien" repose sur l'idée que le Canada est un pays où tout est possible avec du travail et de la détermination. Il s'articule autour de plusieurs notions-clés :

- **Opportunités économiques** : Une économie stable offrant des emplois variés et bien rémunérés. L'entrepreneuriat y est aussi mis en avant afin d'encourager plusieurs personnes à créer de la valeur.

- **Qualité de vie** : Accès à des soins de santé universels, à une éducation de qualité, à des espaces verts et à une société sécuritaire.

- **Environnement multiculturel** : Il offre une société ouverte à toutes les origines, valorisant la diversité et l'inclusion, où chaque individu dispose des mêmes chances de réussite.

Ces idéaux attirent chaque année des milliers de migrants qui espèrent une vie meilleure.

C'est d'ailleurs la raison pour laquelle depuis 2014, le Canada a accueilli un nombre croissant d'immigrants chaque année. Un nombre record sous l'ère de l'ancien premier ministre Justin Trudeau (1er Ministre du Canada de 2015 à 2025)

Voici un aperçu des admissions de résidents permanents par année :

Année	Nombre d'admission
2014	260 307
2015	271 840
2016	296 371
2017	286 510
2018	321 053
2019	341 175
2020	184 594
2021	401 000
2022	411 000
2023	421 000

Ces chiffres montrent une tendance à la hausse des admissions, avec une baisse notable en 2020, probablement due à la pandémie de COVID-19. Gouvernement du Canada

En cumulant ces données, le Canada a accueilli environ 3 194 850 immigrants entre 2014 et 2023.

Source : https://www.canada.ca/fr/immigration-refugies-citoyennete/organisation/transparence/cahiers-transition/ministre-2021/apercu.html?utm_source=chatgpt.com#wb-auto-5

Face à ce constat, il devient important et pertinent, bien sûr sans être influencé par ces chiffres, d'aller en profondeur afin de comprendre pourquoi le Canada serait un rêve qui se transforme ensuite en désillusion pour certains.

II

L'IMMIGRATION CANADIENNE
HISTORIQUE, PROMESSES ET ATTENTES

A vant d'aborder les promesses et les attentes, nous reviendrons brièvement aux fondements de l'immigration canadienne, c'est-à-dire à ses origines.

1- Introduction sur les fondements de l'immigration canadienne

L'immigration canadienne remonte à plusieurs siècles et peut être divisée en plusieurs phases historiques. Voici un aperçu :

1.1 - Premières vagues d'immigration :

- **Autochtones** : Les premiers habitants du Canada sont les peuples autochtones, qui se sont installés sur le territoire il y a des milliers d'années.
- **Colons européens (16ᵉ - 17ᵉ siècles)** : L'immigration européenne débute avec l'arrivée des Français et des

Anglais. Samuel de Champlain fonde Québec en 1608, marquant le début de la colonisation française.

1.2 - Périodes historiques marquantes :

a) L'immigration sous le régime français (1608-1760) :
- Les colons français, notamment des agriculteurs et des artisans, s'installent en Nouvelle-France.
- Les Filles du Roi, envoyées par la couronne française pour augmenter la population, arrivent entre 1663 et 1673.

b) L'immigration sous le régime britannique (1760-1867) :
- Après la Conquête de 1760, le Canada devient une colonie britannique.
- Des vagues d'immigration britannique, écossaise et irlandaise s'ensuivent, notamment durant les années 1800 en raison de la Grande Famine en Irlande.

c) L'immigration après la Confédération (1867 et après) :
- Avec la naissance de la Confédération en 1867, le Canada lance des campagnes pour attirer des immigrants européens, notamment des agriculteurs, afin de coloniser l'Ouest canadien, également appelé Canada occidental, qui regroupe quatre provinces : le Manitoba, la Saskatchewan, l'Alberta et la Colombie-Britannique.

- Les lois sur l'immigration évoluent pour favoriser certains groupes ethniques tout en discriminant d'autres (ex. : la taxe d'entrée pour les Chinois en 1885).

d) 20ᵉ siècle :

- Après la Seconde Guerre mondiale, le Canada adopte une approche plus inclusive, accueillant des réfugiés et divers groupes.
- En 1967, le système de points est introduit, favorisant l'immigration basée sur les compétences plutôt que l'origine ethnique.

1.3 - Immigration moderne :

Depuis les années 1990, le Canada est reconnu pour sa politique d'immigration ouverte et diversifiée, accueillant des immigrants économiques, des réfugiés et des regroupements familiaux. Aujourd'hui, l'immigration est un pilier essentiel du développement économique et démographique du pays.

2- Promesses

Les promesses de l'immigration canadienne ont évolué au fil du temps, mais elles ont toujours tourné autour de certains thèmes récurrents, notamment l'opportunité, la prospérité et l'inclusion. Voici les principales promesses associées à l'immigration canadienne :

2.1 Opportunités économiques

- **Travail et prospérité** : Le Canada a souvent présenté l'immigration comme un moyen pour les individus et les familles de trouver de meilleures opportunités d'emploi et de réussir économiquement.

- **Accès à la propriété** : Les immigrants, en particulier au 19e et au début du 20e siècle, se voyaient offrir des terres à faible coût (notamment dans l'Ouest canadien) pour développer l'agriculture et s'installer durablement.

2.2 Une meilleure qualité de vie

- **Accès aux services** : Le Canada met en avant son système de santé universel, son éducation de qualité, et son environnement sûr comme des avantages majeurs pour les immigrants.

- **Équilibre travail-vie personnelle** : Le Canada promet une qualité de vie élevée, avec un accent sur les droits des travailleurs, les congés parentaux et la sécurité sociale.

2.3 Sécurité et stabilité

- **Un refuge pour les réfugiés** : Le Canada s'est positionné comme un pays d'accueil pour ceux fuyant la guerre, la persécution ou les catastrophes naturelles, offrant un endroit sûr pour commencer une nouvelle vie.

● **Un système politique stable :** Avec une démocratie solide et une économie développée, le Canada offre un environnement stable pour ses résidents.

2.4 Diversité et inclusion

● **Une société multiculturelle :** Depuis les années 1970, le Canada a adopté le multiculturalisme comme politique officielle, promettant aux immigrants de pouvoir maintenir leur culture tout en participant pleinement à la société canadienne.

● **Égalité des chances :** Les politiques canadiennes mettent en avant l'idée que tous les citoyens, peu importe leurs origines, peuvent réussir et prospérer.

2.5 Accès à la citoyenneté et à l'intégration

● **Un chemin clair vers la citoyenneté :** Les immigrants ont la possibilité de devenir citoyen canadien, avec des droits égaux à ceux des natifs.

● **Soutien à l'intégration :** Programmes d'aide linguistique, formation professionnelle et services d'établissement pour aider les nouveaux arrivants à s'intégrer rapidement.

Ces promesses, bien qu'attirantes, ne sont pas toujours réalisées dans la pratique, ce qui a parfois mené à des désillusions chez certains immigrants.

2.6 Témoignages :

- Témoignage de Stéphane

Bien que mon cas ne soit pas représentatif de tous, je pense qu'avec mes dix années passées au Canada, mon parcours pourra vous donner une bonne idée de ce que l'on vit sur le sol canadien.

Je me nomme Stéphane Chouapi. Cela fait déjà dix ans que je suis arrivé dans ce beau pays, avec ses paysages à couper le souffle et ses gratte-ciels impressionnants, notamment au centre-ville de Montréal ou Toronto.

Lorsque j'ai quitté mon pays d'origine, le Cameroun, c'était parce que je cherchais un environnement stimulant où je pourrais m'épanouir et me confronter à l'élite du milieu informatique. Après avoir travaillé pendant quatre années en tant que technicien senior dans le déploiement de solutions mobile money dans plusieurs pays d'Afrique, tels que le Ghana, le Bénin, le Congo, la Côte d'Ivoire, la Guinée-Bissau, le Cameroun et la République Démocratique du Congo, où s'est terminé mon dernier poste, j'ai estimé qu'il était temps de démissionner et de rechercher de nouvelles opportunités dans un environnement plus compétitif, particulièrement dans le domaine des nouvelles technologies. Mon choix s'est donc porté sur le Canada.

Je suis arrivé au Canada en 2014 avec un diplôme de licence en mathématiques et informatique, ainsi que plusieurs certifications en informatique, telles que Cisco Certified Network Associate (CCNA) et Microsoft Certified System Engineer (MCSE).

Conformément aux programmes d'immigration proposés par le Gouvernement canadien, j'étais convaincu que je répondais aux critères de sélection basés sur le système de points. Mon dossier a été retenu par les agents d'immigration, et c'est ainsi que j'ai obtenu mon visa d'entrée au Canada en tant que résident permanent.

Dès les premiers mois passés au Canada, j'ai distribué mon curriculum vitae, comme conseillé par les organismes d'accueil des nouveaux arrivants. J'ai passé plus d'une trentaine d'entretiens d'embauche en informatique, me rendant prêt à me déplacer dans des villes proches ou éloignées de mon lieu de résidence, tout en mettant à contribution mes propres moyens, afin de maximiser mes chances d'accéder à mon premier emploi.

Vous savez quoi ?

Il m'a fallu huit mois pour trouver un emploi proche de mon domaine : un poste dans un centre d'appels à Québec, comme agent d'appui technique à la clientèle.

Entre-temps, comment aurais-je pu survivre ou encore payer mes factures (loyer, nourriture, vêtements, etc.) ?

Il fallait bien commencer quelque part. C'est en multipliant les efforts, même dans des domaines qui n'étaient pas liés à mon champ d'expertise, que j'ai fini par trouver un emploi dans une chaîne de restauration rapide, généralement appelée ici fast-food.

Ma première expérience canadienne, bien loin de ce que j'avais imaginé, s'est déroulée dans une chaîne de restauration où j'occupais le poste de cuisinier. Ma principale mission était de m'assurer que le stock était suffisant, que la vaisselle était faite et, surtout, que les commandes de hamburgers étaient bien préparées pour éviter tout mécontentement des clients. Voilà ce que j'ai enduré durant mes huit premiers mois au Canada. Parallèlement, j'ai également occupé des emplois temporaires dans le domaine de la manutention, où je déchargeais des camions dans des entrepôts, au salaire minimum de 10 dollars et 35 cents (10,35$ CAD) de l'heure à cette époque.

Je vais m'arrêter là, car le but de ce récit n'est pas de rendre votre lecture interminable. Si je vous racontais toutes les péripéties vécues, cela pourrait probablement influencer

votre envie de venir au Canada. Loin de moi l'idée de vous démotiver. Par contre, retenez que le parcours de chacun peut varier et ne pas forcément ressembler à d'autres. Néanmoins, chaque histoire est une leçon à apprendre pour les   autres.
Tout cela pour dire que les débuts n'ont pas été faciles. Huit mois peuvent sembler une éternité, surtout lorsque vous êtes qualifié et qu'aucune entreprise ne vous donne votre première chance de prouver vos compétences. Dans une telle configuration, si vous n'êtes pas préparé psychologiquement, il est facile de sombrer et d'adopter une vision négative du pays d'accueil.

- Témoignage de Marc

Arrivé avec des espoirs plein la tête

Marc, 32 ans, originaire du Sénégal, a quitté son pays natal en 2018 pour s'installer au Canada. Diplômé en ingénierie informatique et fort de plusieurs années d'expérience dans une grande entreprise de télécommunications, il pensait que le Canada lui ouvrirait les portes d'une carrière internationale. "Tout semblait parfait sur le papier : un système d'immigration bien organisé, une forte demande dans le secteur technologique et la promesse d'une qualité de vie exceptionnelle," raconte Marc.

Des débuts plus difficiles que prévu

À son arrivée à Montréal, Marc découvre rapidement que ses qualifications ne suffisent pas. "On m'a demandé une expérience canadienne, mais comment en acquérir quand personne ne vous donne une chance ?" déplore-t-il. Malgré ses nombreux efforts, il passe près de six mois sans emploi stable, vivant de ses économies.

Pour subvenir à ses besoins, Marc enchaîne des petits boulots. "J'ai travaillé comme plongeur dans un restaurant, comme manutentionnaire dans un entrepôt, et même comme livreur à vélo. C'était épuisant, et cela n'avait rien à voir avec ce que j'avais imaginé en venant ici."

La barrière de la langue et le choc culturel

Bien qu'il parle couramment français, Marc réalise que le québécois peut être difficile à comprendre, surtout dans un cadre professionnel. "À plusieurs reprises, j'ai eu l'impression qu'on ne me prenait pas au sérieux parce que je ne maîtrisais pas les expressions locales."

De plus, l'hiver canadien fut une véritable épreuve. "Je n'avais jamais vécu un froid pareil. Se lever à 5 heures du matin pour aller travailler dehors, c'était insupportable."

Un retour difficile à envisager

Malgré tout, Marc hésite à rentrer au Sénégal. "J'ai vendu tous mes biens pour venir ici. Repartir serait un échec aux yeux de ma famille et de mes amis." Pourtant, il admet être fatigué et désillusionné.

3-   Attentes

Ils ont souvent l'impression que le Canada n'a pas tenu sa part du contrat, que les promesses politiques étaient de belles paroles en l'air et qu'une fois sur le sol canadien, ils se retrouvent livrés à eux-mêmes. Ils doivent alors faire face à des défis qu'ils n'avaient jamais imaginés : le climat rigoureux, les difficultés d'accès à un premier emploi, l'adaptation à une nouvelle société d'accueil, et la nécessité de rester résilient.

De plus, il est essentiel de garder la tête haute, car derrière chaque immigrant se cache souvent une famille restée au pays, qui fonde de grands espoirs sur lui. Dans ces conditions, l'échec n'est plus une option.

L'immigrant réalise, malgré lui, que le Canada est un pays magnifique et riche en opportunités, mais où les choses sont loin d'être faciles.

Nous convenons tous que les attentes créent un immense espoir, mais elles peuvent aussi accentuer le choc lorsque la réalité ne correspond pas aux rêves. Dans de nombreux cas, cela peut rapidement plonger une personne dans un état de profonde déception et la détourner de sa trajectoire, à moins qu'elle ne trouve rapidement la force de se reprendre en main.

III

L'IMMIGRATION CANADIENNE : LA GROSSE GIFLE

$$\text{———} \blacklozenge \text{———}$$

Je me demande combien d'entre vous ont déjà reçu une gifle dans leur vie. Croyez-moi, quand cela arrive, c'est un réveil instantané ! Même si vos neurones semblent endormis, ils se remettront aussitôt en marche. Et en prime, cette claque a le don de vous recentrer sur l'essentiel, surtout si vous aviez perdu de vue vos priorités.

Comme vous l'aurez compris, le Canada dévoile sa véritable nature dès les premiers mois d'intégration. Cependant, pour certains, le rêve canadien se heurte à une réalité plus complexe et parfois décevante. Voici quelques-uns des principaux facteurs de désillusion :

1- Les difficultés d'intégration professionnelle

Les diplômes et expériences acquis à l'étranger ne sont pas toujours reconnus. De nombreux immigrants qualifiés se retrouvent à occuper des emplois précaires ou à recommencer leur parcours professionnel à zéro. Les cas sont nombreux, et nous recevons de plus en plus de témoignages d'immigrants dont les diplômes et compétences, pourtant reconnus dans leur pays d'origine, ne sont pas toujours valorisés au Canada. Parmi les obstacles rencontrés, on peut citer :

Reconnaissance des diplômes : les procédures peuvent être longues, complexes et coûteuses.

Manque d'expérience canadienne : les employeurs préfèrent souvent des candidats ayant travaillé au Canada, créant un cercle vicieux pour les nouveaux arrivants.

Préjugés inconscients : certains immigrants font face à de la discrimination sur le marché du travail.

Selon les données du ministère québécois de l'Immigration, de la Francisation et de l'Intégration (MIFI), le taux de « déqualification » chez les immigrants s'élevait à environ 45 % en 2019, contre un peu moins du tiers en moyenne pour l'ensemble de la population.

Source : https://www.lapresse.ca/actualites/2024-03-05/les-immigrantes-plus-affectees-par-la-non-reconnaissance-de-leurs-diplomes.php

« La déqualification, c'est occuper un emploi nécessitant des qualifications moindres que celles qu'on possède. Donc, être diplômée d'un certain niveau, puis occuper un emploi qui aurait nécessité moins de formation », a expliqué Nina Goualier, agente de recherche chez Action Travail des Femmes (ATF).

L'ATF préfère d'ailleurs parler de « déqualification » au lieu de « surqualification », soit le terme utilisé par les organismes gouvernementaux. Le mot « déqualification » met davantage de l'avant le fait que la situation perdure dans le temps et qu'elle a des impacts socio-économiques, a mentionné Émilie Aki-Mbot, membre du comité exécutif d'ATF.

Témoignage de David, Français d'origine

(Source : https://www.courrierinternational.com/article/temoignage-au-canada-je-suis-surqualifie-voici-ce-que-jai-fait)

Selon Statistique Canada, les immigrants sont près de trois fois plus susceptibles que les Canadiens d'origine d'occuper des postes en deçà de leurs niveaux de scolarité, et ce de façon persistante. "Je pense que c'est tout bonnement le résultat de l'immigration", affirme David. Originaire du Sud de la France, cet ingénieur civil (qui choisit de ne pas révéler son nom de famille) a décidé après plusieurs voyages au Canada de s'installer à Toronto. Il comptait alors vingt ans d'expérience, dont huit comme directeur technique dans deux entreprises où il a dirigé cent vingt personnes.

Arrivé dans cette métropole canadienne en 2018, David a d'abord cherché un emploi auprès de compagnies de construction et d'ingénierie. Il a vite déchanté :

J'ai d'abord travaillé comme adjoint à la clientèle dans un centre d'appels du secteur des télécoms.

Après son emploi dans un centre d'appels, David dit qu'il a travaillé pendant un an comme enseignant non qualifié. *"Ce qu'on entend souvent, c'est qu'on ne regarde jamais les expériences acquises dans les pays d'origine. Plusieurs fois, on m'a dit que j'étais surqualifié."*

David a pour sa part laissé tomber l'étiquette d'ingénieur. *"Je me présente comme gestionnaire de projets"*, dit-il. Il s'est associé à d'autres afin d'offrir en tant que recruteur ses services aux entreprises pour combler des postes techniques spécialisés et de gestion. Après deux ans au Canada, il s'est fait une idée :

"Quand on immigre, on quitte tout : le pays, la famille, la formation. Il y a un immense océan entre l'Europe et l'Amérique du Nord. Les équivalences professionnelles sont purement théoriques. On se fait une idée fausse de l'accueil académique. Au début, on est étonné, mais c'est logique. Il faut s'adapter."

2-   Le coût de la vie

Le logement est devenu inabordable dans les grandes villes comme Toronto, Vancouver ou Montréal. L'inflation et les faibles augmentations salariales amplifient les difficultés financières, rendant le confort promis inaccessible pour beaucoup. Le coût de la vie au Canada pour une personne seule est de **2248 $ CAD** par mois, loyer inclus. Pour une famille de quatre membres, le budget mensuel à prévoir pour vivre au Canada est de **7644.69 $ CAD**.

Entre 2014 et 2025, le coût de la vie au Canada a connu une augmentation notable, influencée par divers facteurs économiques.

Examinons maintenant des exemples concrets illustrant les facteurs qui rendent le coût de la vie au Canada élevé :

2.1 Logement

- **Loyers mensuels** : Les prix des loyers varient considérablement selon les villes et les provinces. Par exemple, à Toronto et Vancouver, le loyer mensuel pour un appartement d'une chambre peut atteindre 2 000 $ CAD ou plus. À Montréal, bien que les loyers soient généralement plus abordables, ils ont connu une hausse ces dernières années. Le coût moyen de location d'un appartement au Canada est d'environ 1 335 $ CAD par mois.

KOHO: One place for your money and life

2.2 Alimentation

● **Produits de base** : Le coût des produits alimentaires est généralement plus élevé qu'en France. Par exemple, un litre de lait coûte environ 2,84 $ CAD au Canada, contre 1.49 $ CAD en France. Les dépenses mensuelles en alimentation peuvent varier entre 374.74$ CAD et 449.68$ CAD par personne. (source : FG Relocation)

2.3 Transport

● **Essence** : Le prix du carburant au Canada est d'environ 1,34 $ CAD par litre.

KOHO: One place for your money and life

33

2.4 Santé et soins médicaux

- **Soins dentaires** : Les soins dentaires ne sont généralement pas couverts par le régime public d'assurance maladie. Par exemple, un traitement pour une carie peut coûter environ 250 $ CAD, et une visite de contrôle avec détartrage près de 200 $ CAD.

Immigrant Québec

2.5 Éducation

- **Frais de scolarité** : Les frais de scolarité pour les étudiants internationaux peuvent varier considérablement selon le programme et l'établissement, allant de 7 000 $ CAD à plus de 29 000 $ CAD par an.

2.6 Taxes et services publics

- **Services publics** : Les services publics de base, incluant l'électricité, le chauffage, le refroidissement, l'eau et le ramassage des ordures, coûtent en moyenne 164 $ CAD par mois pour un appartement de 85 m^2.

KOHO: One place for your money and life

2.7 Inflation générale

- **Indice des prix à la consommation (IPC)** : L'IPC a augmenté au fil des ans, reflétant une hausse généralisée des prix des biens et services essentiels. Par exemple, en 2022, l'inflation alimentaire a atteint 10,3 %, un record en 40 ans.

Ces exemples concrets illustrent comment divers facteurs contribuent à un coût de vie élevé au Canada, affectant le budget des ménages dans plusieurs aspects de la vie quotidienne.

3- Isolement social et culturel

L'éloignement de la famille et des cercles sociaux, combiné à la nécessité de s'adapter à une nouvelle culture, peut créer un sentiment d'isolement et d'aliénation. Les normes sociales et les modes de vie canadiens peuvent vite nous sembler étranger et donc difficiles à adopter.

D'ailleurs il est important de bien comprendre les codes culturels du nouveau pays d'accueil, autrement l'intégration peut devenir un cauchemar. Voici quelques exemples concrets :

3.1 Communication et politesse

- **La courtoisie extrême** : Les Canadiens sont réputés pour leur politesse et leur usage fréquent de mots comme *"s'il vous plaît"*, *"merci"*, et *"désolé"*. Cette gentillesse peut être perçue comme excessive ou même hypocrite par certains nouveaux arrivants.
- **L'évitement des conflits** : Les Canadiens préfèrent éviter les confrontations directes. Dans un contexte professionnel, par exemple, un "Non" peut être formulé de manière indirecte, ce qui peut prêter à confusion.

3.2 Diversité et multiculturalisme

- **Un melting-pot culturel** : Le Canada est l'un des pays les plus multiculturels au monde. Les nouveaux arrivants peuvent être surpris de voir des communautés très diversifiées coexister, avec des festivals, des cuisines et des pratiques culturelles variées.
- **Sensibilité culturelle** : Les Canadiens accordent une grande importance à l'inclusion et au respect des différences. Cela peut inclure des comportements inhabituels, comme demander systématiquement les pronoms ou éviter les blagues culturelles.

3.3 Alimentation et habitudes culinaires

- **Le "fast food" et les repas rapides** : contrairement à d'autres cultures où les repas sont des moments de partage et de convivialité, les Canadiens privilégient souvent des repas rapides, notamment dans les grandes villes.
- **Goûts différents** : Les nouveaux arrivants peuvent être déconcertés par des aliments typiquement canadiens, comme la *poutine*, ou par l'omniprésence du sirop d'érable dans diverses recettes.

3.4 Climat et habitudes liées aux saisons

- **Hivers rigoureux** : Pour les immigrants venant de pays chauds, les hivers canadiens constituent un choc. Apprendre à gérer des températures sous les -20°C, porter des vêtements adaptés et conduire sur des routes enneigées peuvent représenter de grands défis.
- **Activités saisonnières** : Les Canadiens embrassent pleinement les saisons, organisant des activités comme le ski, la randonnée d'été ou encore des festivals d'hiver, ce qui peut être une nouveauté pour beaucoup.

3.5 Relations au travail

- **Équilibre travail-vie personnelle** : Les Canadiens valorisent généralement un bon équilibre entre vie professionnelle et vie privée. Cela peut surprendre les nouveaux arrivants issus de cultures où le travail est prioritaire.

- **Hiérarchie aplatie** : Dans beaucoup d'entreprises canadiennes, la hiérarchie est plus informelle, et les employés appellent leurs supérieurs par leur prénom, ce qui peut déconcerter certains.

3.6 Relations sociales

- **Les relations amicales** : Les Canadiens peuvent paraître chaleureux au premier abord, mais il peut être difficile de tisser des amitiés profondes. Cela peut donner l'impression d'un accueil superficiel pour certains.

- **Espaces personnels** : Les Canadiens apprécient leur espace personnel. Une distance de quelques mètres est généralement maintenue lors d'une conversation, et les câlins ou bises ne sont pas courants lors des interactions, contrairement à d'autres cultures.

3.7 Valeurs sociales

- **Individualisme** : Le Canada valorise l'autonomie personnelle et la liberté individuelle. Cela peut être un choc pour ceux venant de cultures plus collectivistes, où la famille et la communauté l'emportent sur l'individu.

- **Engagement environnemental** : Les Canadiens accordent une grande importance à la protection de l'environnement, avec des pratiques comme le recyclage et la réduction des déchets, qui peuvent ne pas être répandues dans tous les pays d'origine des immigrants.

Le choc culturel au Canada peut être enrichissant à long terme, mais il nécessite une phase d'adaptation. Avec le temps, de nombreux immigrants apprennent à apprécier ces différences et à s'y intégrer harmonieusement.

4. Le racisme et les discriminations

Bien que le Canada soit perçu comme un pays inclusif, la discrimination, parfois subtile, reste une réalité pour certains groupes. Les minorités visibles rapportent souvent des expériences de discrimination au travail, dans la recherche de logement ou au sein de la société en général.

Exemple :

Discrimination basée sur le nom ou l'origine ethnique

- **Rejet de candidatures :**
  Des études montrent que des candidats ayant des noms à consonance étrangère, comme Mohamed ou Priya, ont moins de chances d'être rappelés pour une entrevue, même si leur CV est équivalent à celui de candidats ayant des noms plus "occidentaux".
- **Commentaires déplacés :**
  Les employés issus de minorités ethniques peuvent

entendre des remarques comme : *"Tu parles bien anglais pour quelqu'un qui n'est pas d'ici." Ou encore "Tu parles bien français pour quelqu'un qui n'est pas d'ici."*

4.1 – Témoignages

Cyprien Ohandja son nom sur tiktok

Enseignant au Cameroun, ce professeur de lycée, fort de 11 ans d'expérience, est arrivé en tant que résident permanent. Il a dû retourner aux études pour obtenir un DEC en électronique audiovisuelle et a également suivi une formation en informatique. Cependant, il ne semble pas avoir trouvé d'emploi correspondant à ses qualifications et se plaint des mauvais traitements subis au Canada, où des personnes comme lui se voient confier des emplois ne correspondant pas à leur domaine de compétence. Il déplore également la réalité des entretiens d'embauche. Par ailleurs, il évoque le cas d'un autre immigrant congolais, diplômé de l'Université Laval, qui, malgré 20 ans de recherche d'emploi, n'a jamais pu exercer dans son domaine de compétence. Il s'indigne du fait que la plupart des immigrants ne sont pas reconnus à leur juste valeur et que le rêve canadien est trop vendu.

IV

UNE EXPÉRIENCE NUANCÉE

◆

Malgré les défis, de nombreuses personnes parviennent à construire une vie meilleure au Canada. Le système de santé accessible à tous, l'éducation gratuite au primaire et au secondaire, et une société relativement stable offrent des avantages indéniables. Ceux qui s'adaptent rapidement, résautent efficacement et se forment aux réalités locales peuvent réaliser leur propre version du rêve canadien.

Tous les immigrants ne partagent pas la même expérience. Pour beaucoup, le Canada représente réellement une amélioration de leurs conditions de vie. Ceci nous pousserait donc à croire que le rêve canadien est une réalité nuancée, c'est-à-dire un chemin parsemé d'embûches, mais aussi d'opportunités. La clé réside dans la gestion des attentes, la compréhension des défis et la volonté de s'adapter.

V

PERSPECTIVES POUR MIEUX COMPRENDRE ET RÉUSSIR SON IMMIGRATION

Pour les candidats à l'immigration et les nouveaux arrivants, voici quelques pistes pour éviter les désillusions et maximiser vos chances de succès:

1-   La préparation avant le départ

- Faire évaluer ses diplômes pour s'assurer qu'ils sont reconnus.

- Comprendre le marché du travail local, y compris les secteurs en demande.

- Apprendre les langues officielles du Canada pour éviter les barrières linguistiques.

2- L'adaptation rapide

- S'engager dans des programmes d'intégration ou de mentorat.

- Construire un réseau professionnel et social.

- Être flexible dans ses attentes pour trouver un premier emploi.

3- La recherche de l'information

- Comprendre les différences culturelles et les normes sociales.

- Se questionner ou poser des questions dans des services publics face aux préoccupations du quotidien ou quand on manque d'information dans son nouvel environnement.

4- La gestion des attentes

- Prendre en compte les réalités économiques et le coût de la vie.
- Adopter une attitude de patience et de résilience

5-   L'accès aux ressources locales

- Profiter des aides et services pour les immigrants offerts par les gouvernements et les organismes communautaires.

- Participer à des formations pour améliorer ses compétences ou se reconvertir professionnellement.

6-   Quelques témoignages

Pour mieux illustrer les nuances du rêve canadien, inclure des récits personnels d'immigrants serait pertinent :

- Les parcours réussis grâce à la préparation et à l'adaptation.

Ces histoires permettent de donner une voix aux expériences diverses et de mieux comprendre les enjeux vécus.

6.1 - Histoire de Madeleine Zari-Doka

Madeleine Zari-Doka, originaire de la République centrafricaine, a émigré au Québec en 2003 en tant que réfugiée, laissant derrière elle ses trois enfants. Sans ressources financières à son arrivée, elle a repris des études et occupé divers emplois pour subvenir à ses besoins.

En 2008, elle a ouvert le premier Dépanneur Mokolo dans le sous-sol d'un petit bâtiment situé sur une rue commerciale animée de l'Ouest de Québec, près du campus de l'Université Laval. Ce commerce proposait non seulement des collations et produits de base, mais aussi des perruques, des extensions capillaires, des cosmétiques, ainsi que des aliments frais et surgelés d'inspiration africaine.

Grâce au bouche-à-oreille et à son engagement communautaire, l'entreprise a prospéré. En 2014, Madeleine Zari-Doka a acquis l'inventaire d'un dépanneur fermé et ouvert un second Dépanneur Mokolo, toujours à proximité de l'Université Laval. Ce nouvel établissement, géré par son fils William Zordi, offre une gamme similaire de produits, en y ajoutant des articles courants des dépanneurs nord-américains.

Au moment de la rédaction de ce témoignage, elle compte quatre dépanneurs à son actif dans ces villes : deux dans la ville de Québec, un en Beauce et un à Victoriaville. Les Dépanneurs Mokolo sont devenus des lieux d'échanges culturels, d'accueil et d'intégration pour la communauté africaine et les résidents locaux de Québec. Le parcours de Madeleine Zari-Doka illustre une intégration réussie et une contribution significative à la diversité culturelle de la région.

Source : radio-canada.ca

6.2 - Histoire d'Amina Gerba

Née le 14 mars 1961 à Bafia, au Cameroun, Amina Gerba est la dix-huitième d'une famille de dix-neuf enfants et la seule fille de sa famille à avoir fréquenté l'école. Elle émigre au Québec en 1986. En 1992, elle obtient un baccalauréat en administration des affaires spécialisé en gestion et intervention touristique (option marketing), suivi en 1993 d'un MBA en marketing à l'École des sciences de la gestion de l'Université du Québec à Montréal (ESG UQAM).

Carrière entrepreneuriale

Après avoir travaillé de 1992 à 1995 comme responsable du développement de marchés en Afrique pour plusieurs sociétés canadiennes, Amina Gerba constate le manque de connaissance des entreprises canadiennes concernant le potentiel du marché africain. Cette observation la conduit à fonder en 1995 Afrique Expansion Inc., une société de consultation visant à promouvoir les relations et les partenariats d'affaires entre les entreprises canadiennes et africaines.

En 1998, elle lance Afrique Expansion Magazine, une publication destinée à informer et à favoriser les échanges économiques entre le Canada et l'Afrique. La même année, elle crée Kariderm, une gamme de produits cosmétiques à base de beurre de karité biologique, importé du Burkina Faso. Kariderm est la première gamme de produits au monde à obtenir la certification biologique ECOCERT pour son beurre de karité. En 2011, elle fonde également Laboratoires Kariliss Inc., spécialisés dans les produits de soins capillaires.

Pour renforcer les liens économiques entre le Canada et l'Afrique, Amina Gerba initie en 2003 le Forum Africa (devenu Forum Afrique Expansion), une rencontre internationale visant à promouvoir les investissements et les partenariats pour le développement de l'Afrique. Les différentes éditions du forum attirent des centaines de participants, dont des conférenciers de renom et des représentants d'institutions financières internationales.

Engagements et distinctions

Amina Gerba siège dans plusieurs conseils d'administration, notamment ceux du Conseil canadien pour l'Afrique, de l'African Business RoundTable et du Fonds Afro-Entrepreneurs. Elle est également présidente du conseil d'administration d'Entreprendre Ici, une organisation créée pour promouvoir la diversité au sein de l'entrepreneuriat et aider les entrepreneurs issus de diverses communautés.

Ses contributions lui valent de nombreuses distinctions, telles que le titre de Chevalière de l'Ordre national du Québec en 2014, le prix Reconnaissance de l'UQAM en 2012, et le titre d'Entrepreneur de l'année 2010 décerné par le Réseau des entrepreneurs et professionnels africains (REPAF).

Nomination au Sénat

Le 29 juillet 2021, sur recommandation du premier ministre Justin Trudeau, Amina Gerba est nommée sénatrice de la division sénatoriale de Rigaud, au Québec, par la Gouverneure Générale Mary Simon. Elle rejoint alors le Groupe progressiste du Sénat, apportant son expérience et sa perspective unique au sein de la Chambre haute du Parlement canadien.

Le parcours d'Amina Gerba illustre une intégration réussie et une contribution significative à la promotion des relations économiques entre le Canada et l'Afrique, ainsi qu'à la valorisation de la diversité dans le milieu entrepreneurial canadien.

VI

CONCLUSION

L e Canada offre sans aucun doute un cadre de vie attractif, mais il ne constitue pas une solution miracle aux difficultés que l'on cherche à fuir dans son pays d'origine. La désillusion naît souvent d'attentes trop élevées ou d'une méconnaissance des réalités locales. L'immigration est un parcours exigeant qui requiert résilience, préparation et lucidité sur les défis à venir.

À travers ce livre, nous espérons avoir apporté un éclairage pertinent sur le dilemme entre le rêve canadien et la désillusion qu'il peut parfois engendrer. Cependant, une chose est certaine : nous ne pouvons pas prendre cette décision à votre place. Faut-il vous encourager à immigrer au Canada ou, au contraire, vous en dissuader ? Ce choix vous appartient entièrement. Chaque parcours est unique, chaque profil différent, et la réussite d'un projet d'immigration repose avant tout sur une bonne préparation et une capacité d'adaptation aux réalités du terrain.

Ce que nous pouvons affirmer, en revanche, c'est que toute grande décision de vie s'accompagne de nouveaux défis. Ces défis, vous seuls pourrez les affronter et en sortir grandis. Nous vous encourageons donc à faire preuve de discernement et à tirer parti des nombreux témoignages partagés dans ces pages pour prendre la meilleure décision possible, en accord avec vos aspirations et vos capacités.

Quel que soit votre choix, nous vous souhaitons bon courage dans cette réflexion et, surtout, dans la construction de votre avenir, où qu'il se dessine.

NOS LIENS

Site Internet

www.immigrerentreprendre.com

Facebook

https://www.facebook.com/immigrationetentrepreneuriat/

Chaine YouTube

https://www.youtube.com/c/StephaneChouapi

Instagram

https://www.instagram.com/immigration_entrepreneuriat/

LinkedIn

https://www.linkedin.com/in/stephane-chouapi-s-3774b214/

APPENDICE

ATF - Action travail des femmes : https://atfquebec.ca/

Dépanneur Mokolo : https://depmokolo.com/

Gouvernement du Canada : https://www.canada.ca/fr/immigration-refugies-citoyennete/organisation/transparence/cahiers-transition/ministre-2021/apercu.html?utm_source=chatgpt.com

MIFI : https://www.quebec.ca/gouvernement/ministere/immigration

Le coût de la vie au Canada :

https://fgrelocation.com/demenagement-cout-famille-couple-seul-canada/?utm_source=chatgpt.com

https://www.koho.ca/fr/learn/canada-or-us-more-expensive/

Le coût de la vie au Québec :
https://immigrantquebec.com/fr/preparer/cout-de-la-
vie/cout-vie-quebec/?utm_source=chatgpt.com

Les immigrants affectés par la non-reconnaissance de
leur diplôme : https://www.lapresse.ca/actualites/2024-03-
05/les-immigrantes-plus-affectees-par-la-non-
reconnaissance-de-leurs-diplomes.php

Parcours de l'entrepreneur Madeleine Zari-Douka :

https://ici.radio-canada.ca/tele/le-telejournal-
quebec/site/videos/10312122/chez-madame-mokolo

Parcours de la Sénatrice Amina Gerba :

https://fr.wikipedia.org/wiki/Amina_Gerba

Site officiel de l'immigration Canadienne :
https://www.canada.ca/fr/immigration-refugies-
citoyennete.html

ECRITURE ET PUBLICATION DE VOS LIVRES AVEC EDUCNATION CONSULTING INC.

Vous voulez gagner en visibilité et renforcer votre crédibilité? Un projet de livre vous "hante" depuis un moment? Communiquez avec nous. Notre équipe dévouée peut vous aider à écrire et publier votre livre dans un délai de 60 jours.

Prenez rendez-vous aujourd'hui pour nous en parler et nous ferons le reste:

https://calendly.com/bertrand-21/15min

Réservez une heure individuelle de coaching ou de consultation:

https://calendly.com/bertrand-21/60min

LinkedIn:

https://www.linkedin.com/in/bertrandndeffo/

Courriel: bertrand@educnationconsulting.com

INDEX